məktəb - school	2
səyahət - reis	5
nəqliyyat - transport	8
şəhər - stad	10
mənzərə - landschap	14
restoran - restaurant	17
supermarket - supermarkt	20
içkilər - drankjes	22
yemək - eten	23
ferma - boerderij	27
ev - huis	31
qonaq otağı - woonkamer	33
mətbəx - keuken	35
hamam otağı - badkamer	38
uşaq otaqı - kinderkamer	42
geyim - kleding	44
ofis - kantoor	49
iqtisadiyyat - economie	51
peşə - beroepen	53
alətlər - werktuigen	56
musiqi alətləri - muziekinstrumenten	57
zoopark - zoo	59
idman - sporten	62
fəaliyyət - activiteiten	63
ailə - familie	67
bədən - lichaam	68
xəstəxana - ziekenhuis	72
fövqəladə hallar - noodgeval	76
Yer kürəsi - aarde	77
saat - klok	79
həftə - week	80
il - jaar	81
formalar - vormen	83
rənglər - kleuren	84
əksinə - tegengestelden	85
ədədlər - cijfers	88
dillər - Talen	90
kim / nə / necə - wie / wat / hoe	91
harada - waar	92

Impressum
Verlag: BABADADA GmbH, Nedderfeld 112 , 22529 Hamburg
Geschäftsführer / Verlagsleitung: Harald Hof
Druck: Books on Demand GmbH, In de Tarpen 42, 22848 Norderstedt

Imprint
Publisher: BABADADA GmbH, Nedderfeld 112 , 22529 Hamburg, Germany
Managing Director / Publishing direction: Harald Hof
Print: Books on Demand GmbH, In de Tarpen 42, 22848 Norderstedt

məktəb

school

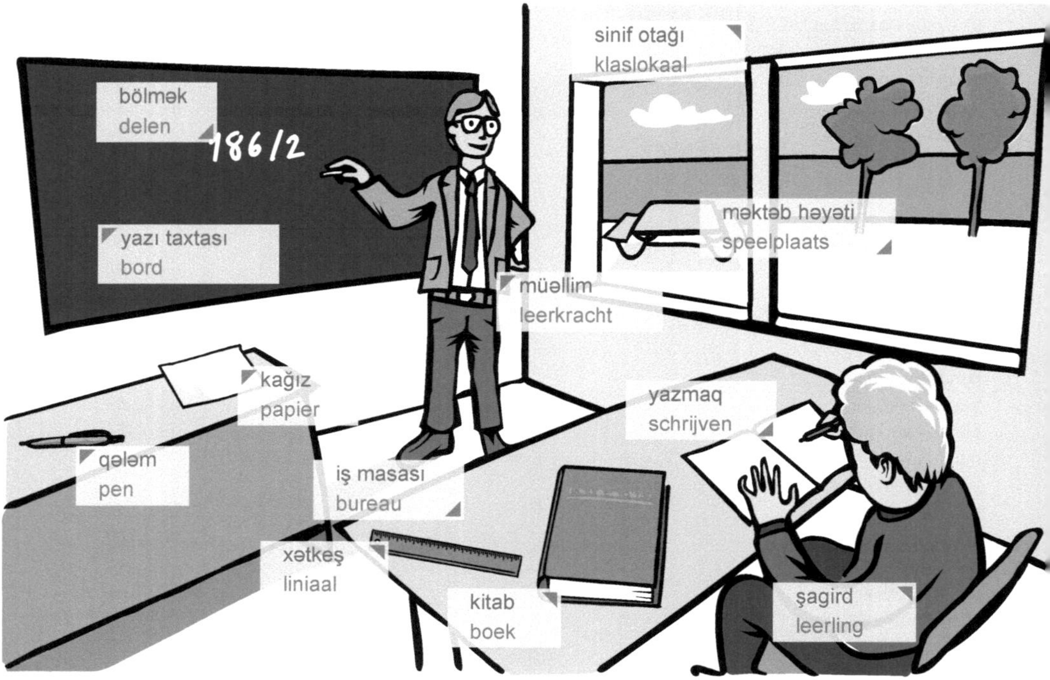

sinif otağı
klaslokaal
bölmək
delen
186/2
yazı taxtası
bord
məktəb həyəti
speelplaats
müəllim
leerkracht
kağız
papier
yazmaq
schrijven
qələm
pen
iş masası
bureau
xətkeş
liniaal
kitab
boek
şagird
leerling

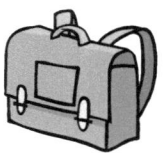

məktəbli çantası

schooltas

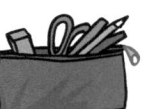

karandaş qabı

pennenzak

karandaş

potlood

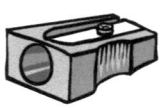

karandaş yonan

puntenslijper

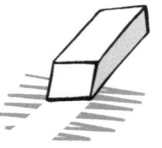

pozan

gom

rəsm albomu

tekenblok

rəsm
tekening

boya fırçası
verfborstel

boya qutusu
verfdoos

qayçı
schaar

yapışdırıcı
lijm

dəftər
werkboek

ev tapşırığı
huiswerk

say
nummer

2+2

əlavə etmək
optellen

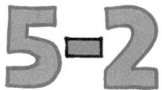

çıxmaq
aftrekken

vurmaq
vermenigvuldigen

hesablamaq
rekenen

hərf
letter

əlifba
alfabet

söz
woord

mətn

tekst

oxumaq

Lezen

tabaşir

krijt

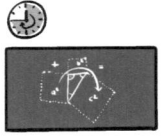

dərs

les

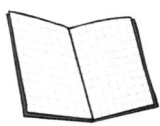

sinif jurnalı

klassenboek

imtahan

examen

təhsil haqqında sənəd

certificaat

məktəb uniforması

schooluniform

təhsil

onderwijs

ensiklopediya

encyclopedie

universitet

universiteit

mikroskop

microscoop

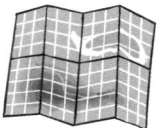

xəritə

kaart

zibil qutusu

papiermand

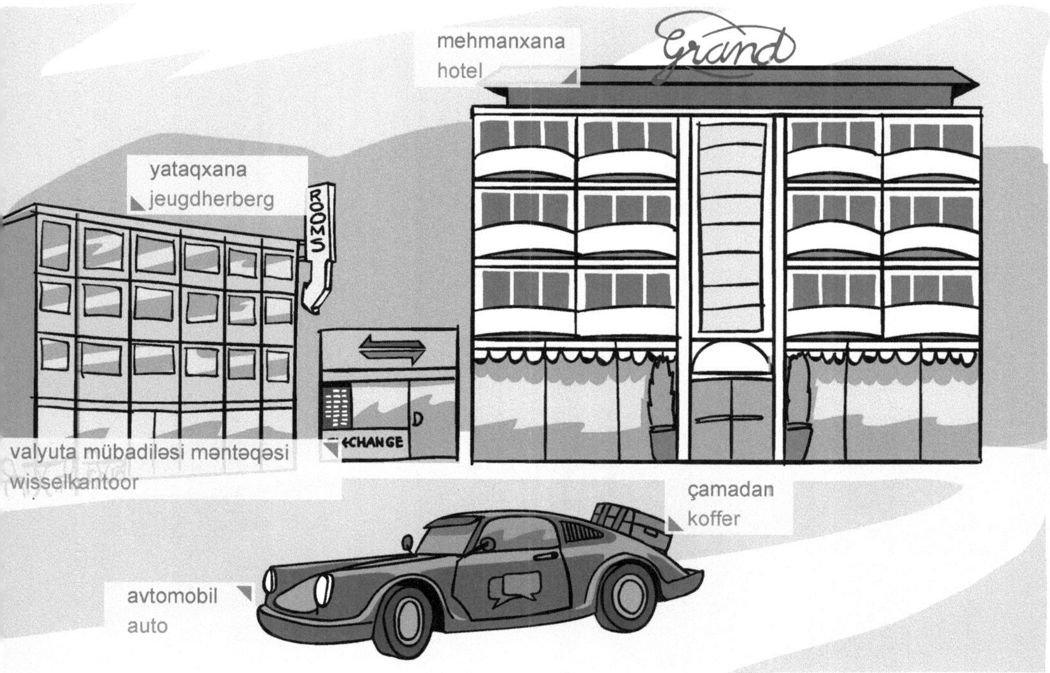

mehmanxana
hotel
Grand
yataqxana
jeugdherberg
ROOMS
EXCHANGE
valyuta mübadiləsi məntəqəsi
wisselkantoor
çamadan
koffer
avtomobil
auto

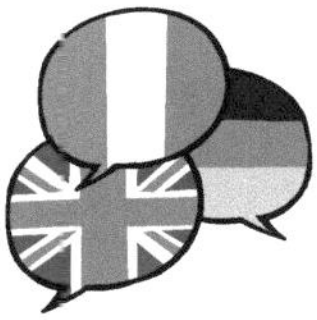

dil

Taal

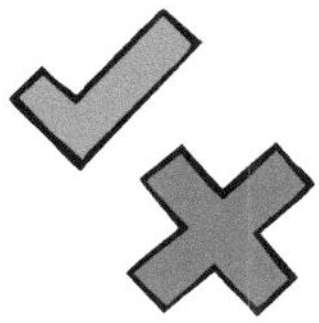

bəli/xeyr

ja / nee

oldu

oké

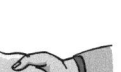

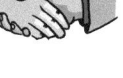

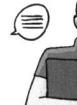

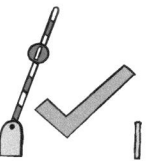

salam

hallo

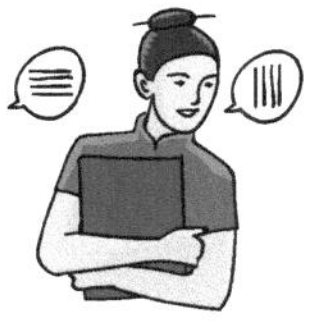

tərcüməçi

vertaler

təşəkkür edirəm

bedankt

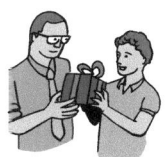

giyməti nə qədərdir ...?

Hoeveel kost ...?

mən başa düşmürəm

Ik begrijp het niet

problem

probleem

Axşamınız xeyir!

Goedenavond!

Sabahınız xeyir!

Goedemorgen!

Gecəniz xeyrə galsin!

Goedenavond!

hələlik

Tot ziens

istiqamət

richting

baqaj

bagage

torba

zak

kürək çantası

rugzak

qonaq

gast

otaq

kamer

yataq-çuval

slaapzak

çadır

tent

səyahət - reis

turistlər üçün məlumat

toeristeninformatie

çimərlik

strand

kredit kartı

kredietkaart

səhər yeməyi

ontbijt

günorta yeməyi

lunch

nahar yeməyi

avondeten

bilet

ticket

lift

lift

poçt markası

postzegel

sərhəd

grens

gömrük

douane

səfirlik

ambassade

viza

visum

pasport

paspoort

nəqliyyat
transport

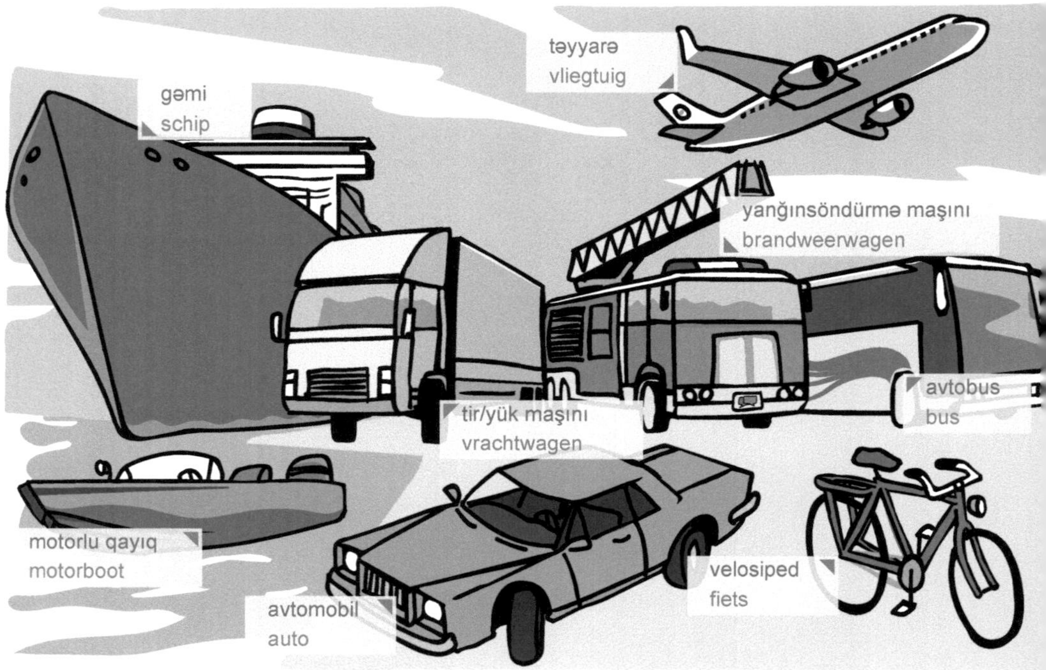

təyyarə
vliegtuig
gəmi
schip
yanğınsöndürmə maşını
brandweerwagen
avtobus
bus
tir/yük maşını
vrachtwagen
motorlu qayıq
motorboot
velosiped
fiets
avtomobil
auto

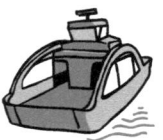

bərə
veerboot

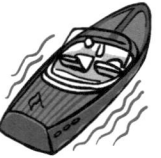

qayıq
boot

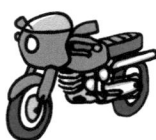

motosiklet
motor

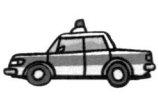

polis avtomobili
politiewagen

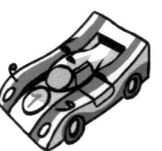

yarış avtomobili
racewagen

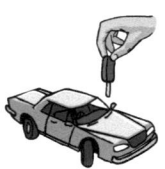

icarə avtomobili
huurauto

avtomobil icarəsi

carpoolen

texniki yardım maşını

sleepwagen

zibil maşını

vuilniswagen

mühərrik

motor

yanacaq

benzine

benzin doldurma məntəqəsi

benzinestation

yol nişanı

verkeersbord

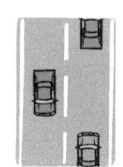

yol hərəkəti

verkeer

tıxac

file

avtomobil dayanacağı

parkeerplaats

dəmir yolu stansiyası

station

dəmiryol

sporen

qatar

trein

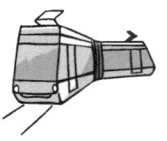

tramvay

tram

vaqon

wagon

helikopter

helikopter

hava limanı

luchthaven

qüllə

toren

sərnişin

passagier

konteyner

container

karton qutu

karton

əl arabası

kar

səbət

mand

qalxmaq / enmək

opstijgen / landen

şəhər

stad

kənd

dorp

şəhər mərkəzi

stadscentrum

ev

huis

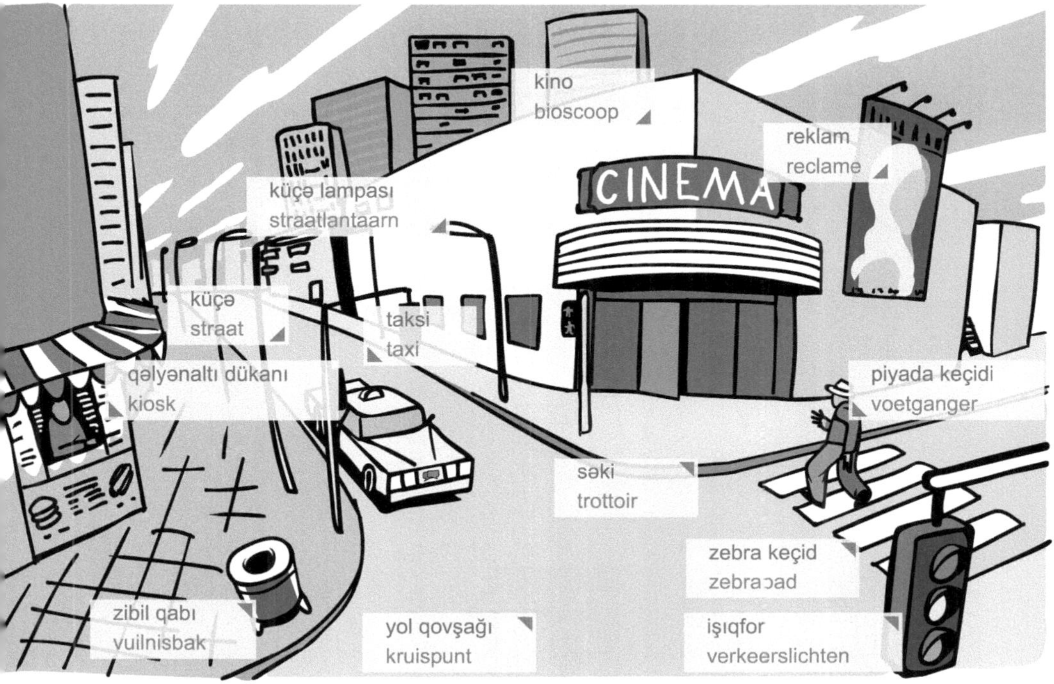

kino
bioscoop

reklam
reclame

küçə lampası
straatlantaarn

CINEMA

küçə
straat

taksi
taxi

qəlyənaltı dükanı
kiosk

piyada keçidi
voetganger

səki
trottoir

zebra keçid
zebraɔad

zibil qabı
vuilnisbak

yol qovşağı
kruispunt

işıqfor
verkeerslichten

daxma

hut

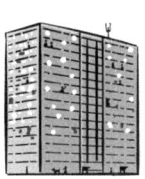

mənzil

woning

dəmir yolu stansiyası

station

bələdiyyə binası

stadshuis

muzey

museum

məktəb

school

universitet

universiteit

bank

bank

xəstəxana

ziekenhuis

mehmanxana

hotel

aptek

apotheek

ofis

kantoor

kitab dükkanı

boekwinkel

dükan

winkel

çiçək dükanı

bloemenwinkel

supermarket

supermarkt

bazar

markt

univermaq

warenhuis

balıq satıcısı

vishandelaar

ticarət mərkəzi

winkelcentrum

liman

haven

park
park

oturacaq
bank

körpü
brug

pilləkən
trap

metro
metro

tunel
tunnel

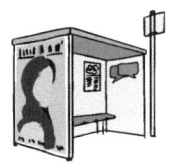

avtobus dayanacağı
bushalte

bar
bar

restoran
restaurant

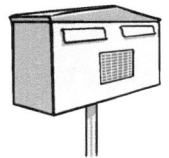

poçt qutusu
brievenbus

küçə nişanı
straatnaambord

parkinq sayğacı
parkeermeter

zoopark
zoo

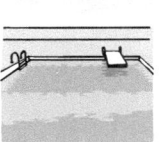

üzgüçülük hovuzu
zwembad

məscid
moskee

şəhər - stad

ferma

boerderij

ətraf mühitin çirklənməsi

milieuverontreiniging

məzarlıq

kerkhof

kilsə

kerk

oyun meydançası

speelplaats

məbəd

tempel

mənzərə
landschap

yarpaq
blad

yol nişanı
wegwijzer

yol
weg

çəmən
weide

daş
steen

ağac
boom

piyada səyyah
wandelaar

çay
rivier

ot
gras

gül
bloem

vadi
vallei

təpə
heuvel

göl
meer

meşə
bos

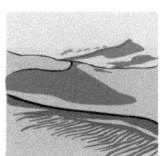

səhra
woestijn

vulkan
vulkaan

qəsr
kasteel

göy qurşağı
regenboog

göbələk
paddenstoel

palma
palmboom

ağcaqanad
mug

milçək
vlieg

qarışqa
mier

arı
bijl

hörümçək
spin

böcək
kever

qurbağa
kikker

dələ
eekhoorn

kirpi
egel

dovşan
haas

bayquş
uil

quş
vogel

qu quşu
zwaan

qaban
wild zwijn

maral
hert

sığın
eland

su bəndi
dam

külək turbini
windturbine

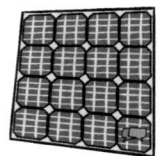

günəş batareyası
zonnepaneel

iqlim
klimaat

restoran

restaurant

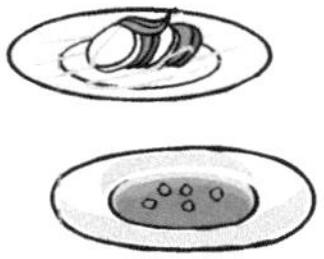

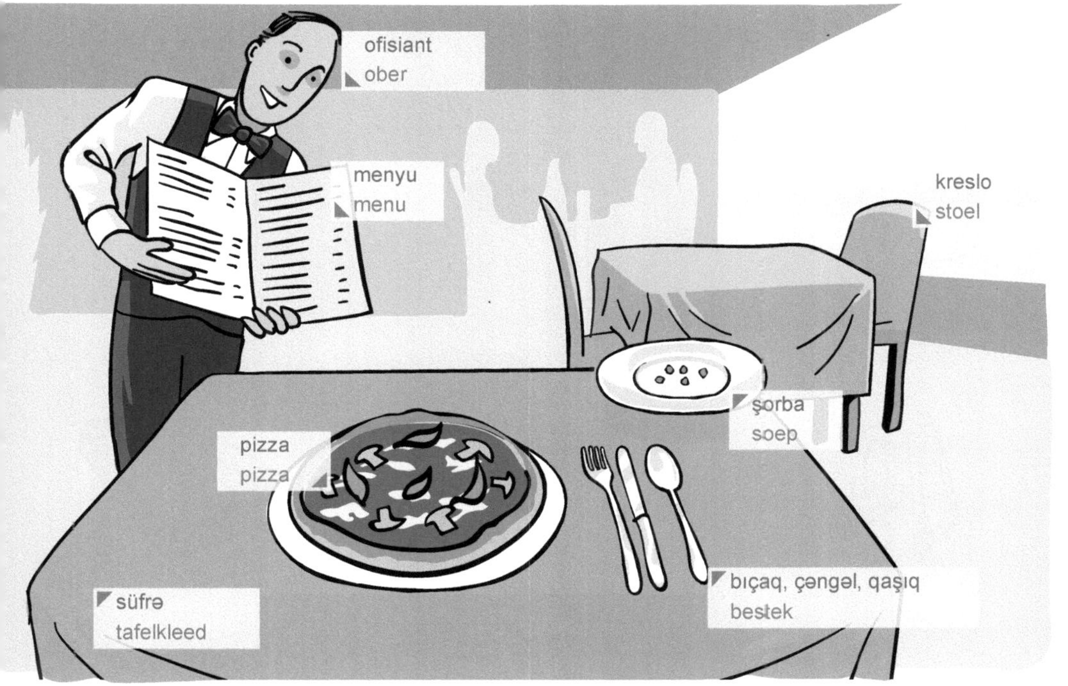
ofisiant
ober
menyu
menu
kreslo
stoel
şorba
soep
pizza
pizza
süfrə
tafelkleed
bıçaq, çəngəl, qaşıq
bestek

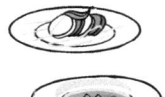

məzə

voorgerecht

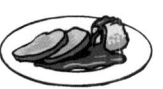

əsas yemək

hoofdgerecht

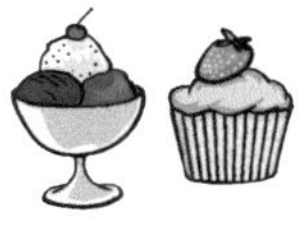

desert

nagerecht

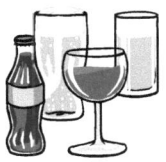

içkilər

drankjes

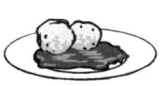

yemək

eten

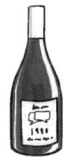

şüşə

fles

fast food
fastfood

küçə yeməkləri
street food

çaynik
theepot

qəndqabı
suikerpot

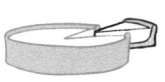

pay
portie

espresso maşını
espressomachine

hündür uşaq kreslosu
kinderstoel

faktura
rekening

nimçə
dienblad

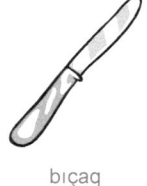

bıçaq
mes

çəngəl
vork

qaşıq
lepel

çay qaşığı
theelepel

salfet
serviette

şüşə
glas

restoran - restaurant

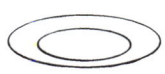

boşqab

bord

şorba boşqabı

soepbord

nəlbəki

schoteltje

sous

saus

duz qabı

zoutvatje

bibərüyüdən

pepermolen

sirkə

azijn

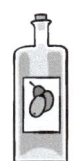

duru yağ

olie

ədviyyat

kruiden

ketçup

ketchup

xardal

mosterd

mayonez

mayonaise

supermarket
supermarkt

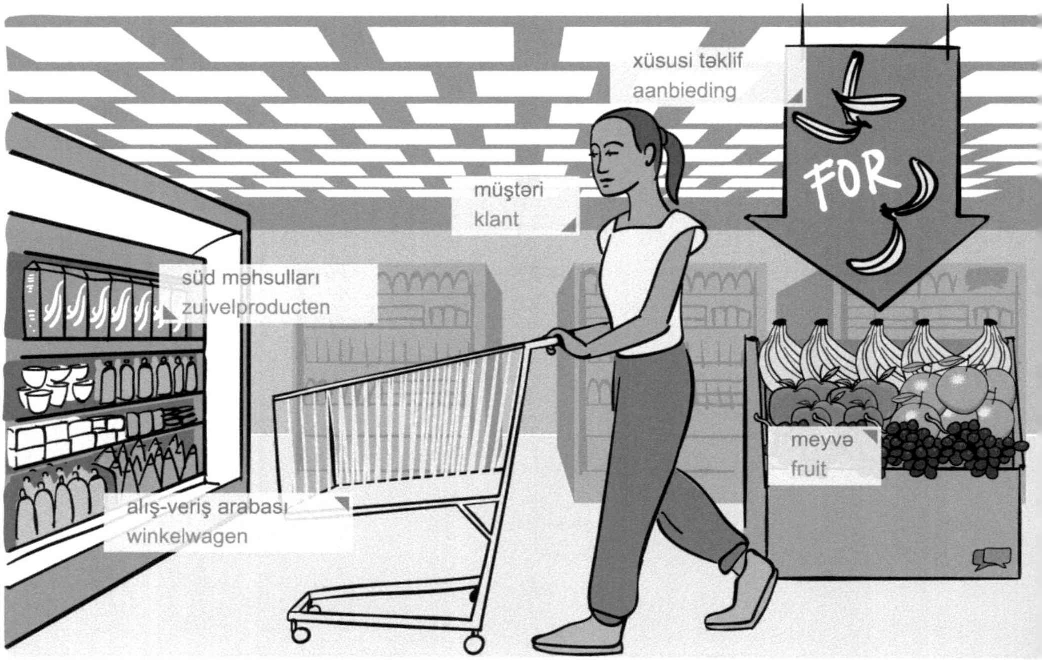

xüsusi təklif
aanbieding
FOR
müştəri
klant
süd məhsulları
zuivelproducten
meyvə
fruit
alış-veriş arabası
winkelwagen

BUTCHERS

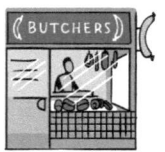

qəssab dükanı

slagerij

BAKERY

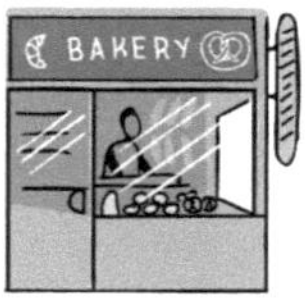

çörəkçi

bakkerij

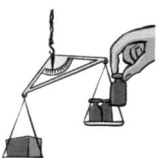

çəkmək

wegen

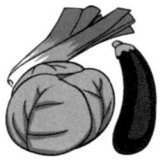

tərəvəz

groenten

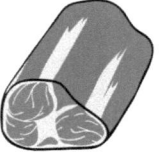

ət

vlees

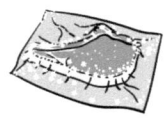

dondurulmuş qida

diepvriesvoedsel

soyuq ət yeməyi

charcuterie

konservləşdirilmiş qida

conserven

yuyucu toz

waspoeder

şirniyyat

snoep

təsərrüfat malları

huishoudproducten

yuyucu vasitələr

schoonmaakproducten

satıcı

verkoopster

kassa

kassa

kassir

kassier

alış-veriş siyahısı

boodschappenlijstje

iş saatları

openingstijden

pul kisəsi

portefeuille

kredit kartı

kredietkaart

torba

tas

plastik torba

plastieken zakje

su

water

şirə

sap

süd

melk

cola

cola

şərab

wijn

pivə

bier

alkoqollu içkilər

alcohol

kakao

cacao

çay

thee

qəhvə

koffie

espresso

espresso

kapuçino

cappuccino

banan

banaan

alma

appel

portağal

sinaasappel

yemiş

meloen

limon

citroen

yerkökü

wortel

sarımsaq

knoflook

bambuq

bamboe

soğan

ajuin

göbələk

champignon

qoz-fındıq

noten

əriştə

noodles

spagetti

spaghetti

düyü

rijst

salat

salade

cips

frieten

qızardılmış kartof

gebakken aardappelen

pizza

pizza

hamburger

hamburger

sandviç

sandwich

eskalop

kalfslapje

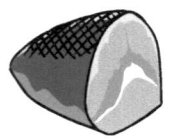

hisə verilmiş donuz əti

ham

salyami

salami

kolbasa

worst

toyuq

kip

qızardılmış ət tikəsi

braden

balıq

vis

yulaf yarması

havervlokken

müsli

muesli

partlaq qarğıdalı

cornflakes

un

bloem

kruassan

croissant

bulka

pistolet

çörək

brood

tost

toast

peçenye

koekjes

kərə yağı

boter

kəsmik

kwark

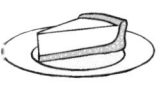

tort

taart

yumurta

ei

qayğanaq

spiegelei

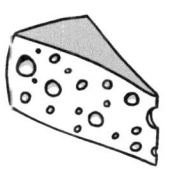

pendir

kaas

dondurma

ijs

şəkər

suiker

bal

honing

mürəbbə

confituur

şokolad pastası

choco

köri

curry

ferma
boerderij

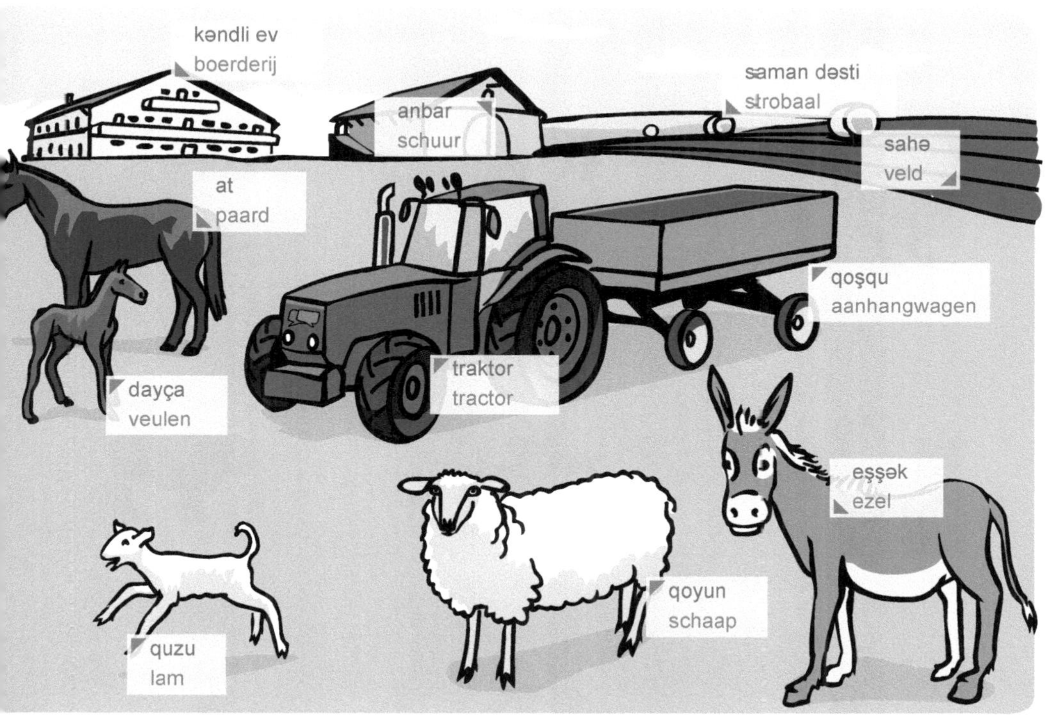

kəndli ev
boerderij
anbar
schuur
saman dəsti
strobaal
sahə
veld
at
paard
qoşqu
aanhangwagen
traktor
tractor
dayça
veulen
eşşək
ezel
qoyun
schaap
quzu
lam

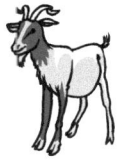

keçi

geit

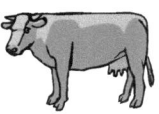

inək

koe

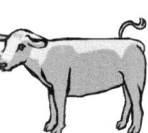

dana

kalf

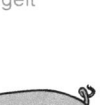

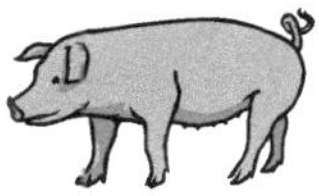

donuz

varken

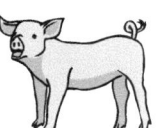

donuz balası

biggetje

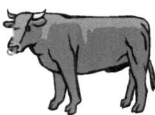

öküz

stier

qaz

gans

ördək

eend

cücə

kuiken

toyuq

kip

xoruz

haan

siçovul

rat

pişik

kat

siçan

muis

öküz

os

it

hond

itdamı

hondenhok

bağ şlanqı

tuinslang

susəpən

gieter

dəryaz

zeis

kotan

ploeg

oraq

sikkel

kətman

schoffel

yaba

hooivork

balta

bijl

əl arabası

kruiwagen

çalov

trog

süd bidonu

melkkan

çuval

zak

çəpər

hek

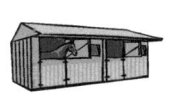

tövlə

stal

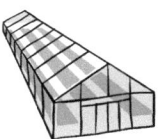

istixana

broeikas

torpaq

bodem

toxum

zaad

gübrə

mest

taxılbiçən kombayn

maaidorser

məhsul yığmaq

oogsten

məhsul yığımı

oogst

yam

yam

buğda

tarwe

soya

soja

kartof

aardappel

dən

maïs

raps

koolzaad

meyvə ağacı

fruitboom

maniok

maniok

yarma

graan

baca
schocrsteen

dam
dak

drenaj borusu
regenpijp

pəncərə
raam

qaraj
garage

qapı zəngi
deurbel

qapı
deur

zibil vedrəsi
vuilnisbak

poçt qutusu
brievenbus

bağ
tuìn

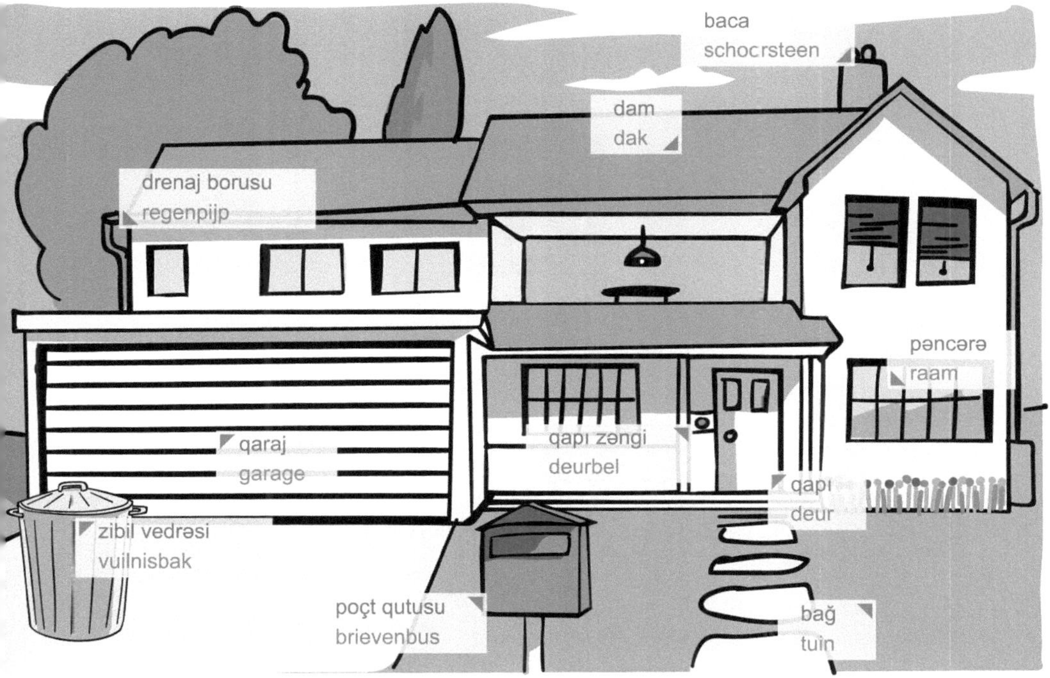

qonaq otağı
woonkamer

hamam otağı
badkamer

mətbəx
keuken

yataq otağı
slaapkamer

uşaq otaqı
kinderkamer

yemək otağı
eetkamer

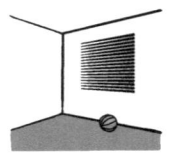

döşəmə

vloer

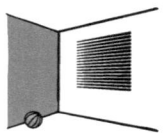

divar

muur

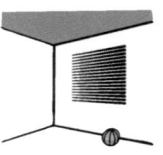

tavan

plafond

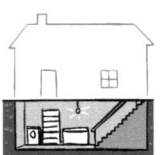

zirzəmi

kelder

sauna

sauna

balkon

balkon

terras

terras

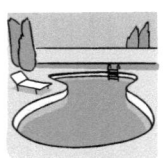

üzgüçülük hovuzu

zwembad

otbiçən maşın

grasmaaier

mələfə

dekbedovertrek

yataq örtüyü

dekbed

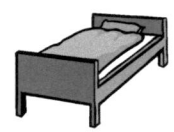

yataq

bed

süpürgə

bezem

vedrə

emmer

elektrik açarı

schakelaar

qonaq otağı
woonkamer

divar kağızı
behangpapier
şəkil
foto
lampa
lamp
rəf
schap
şkaf
kast
televiziya
televisie
buxarı
open haard
gül
bloem
yastıq
kussen
divan
sofa
vaza
vaas
uzaqdan idarəetmə
afstandsbediening

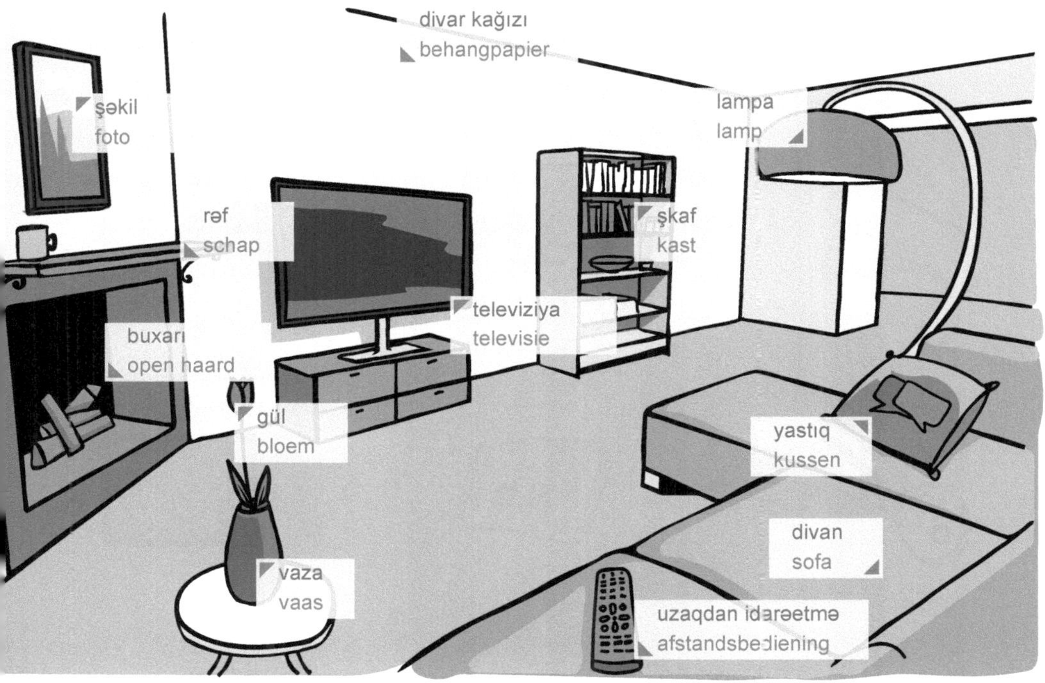

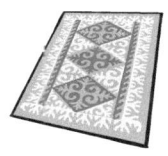

xalça
mat

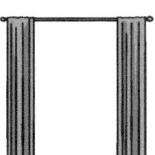

pərdə
gordijn

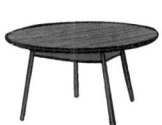

masa
tafel

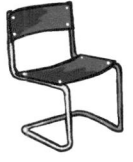

kreslo
stoel

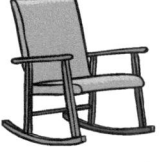

yırğalanan stul
schommelstoel

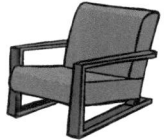

kreslo
fauteuil

kitab

boek

yorğan

deken

bəzək

decoratie

odun

brandhout

film

film

stereo səs sistemi

stereo-installatie

açar

sleutel

qəzet

krant

rəsm əsəri

schilderij

plakat

poster

radio

radio

bloknot

notitieboekje

tozsoran

stofzuiger

kaktus

cactus

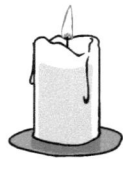

şam

kaars

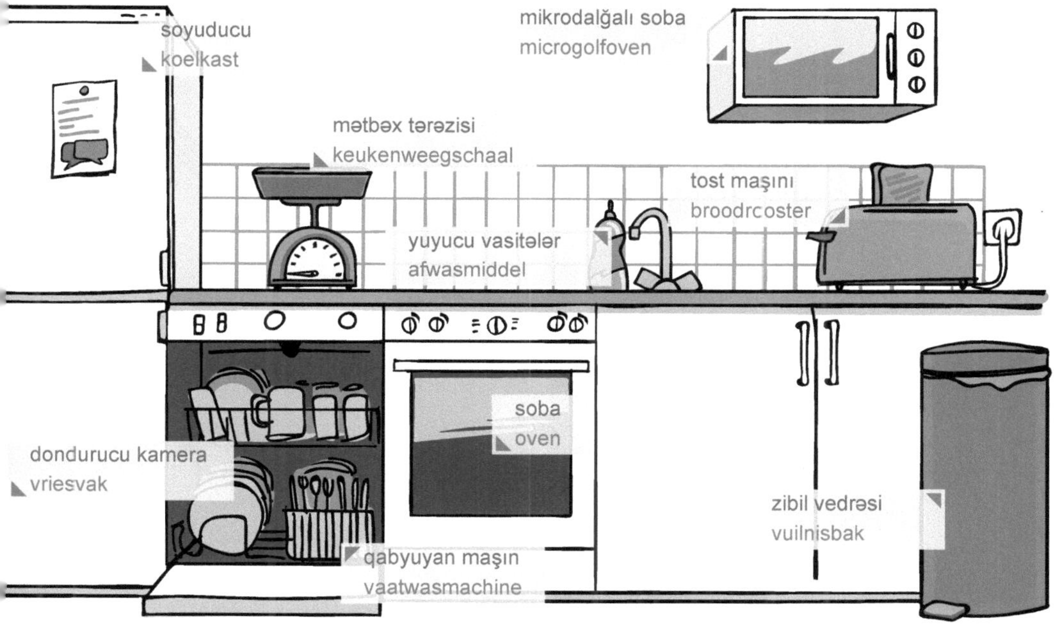

soyuducu
koelkast

mikrodalğalı soba
microgolfoven

mətbəx tərəzisi
keukenweegschaal

tost maşını
broodrcoster

yuyucu vasitələr
afwasmiddel

soba
oven

dondurucu kamera
vriesvak

zibil vedrəsi
vuilnisbak

qabyuyan maşın
vaatwasmachine

soba

fornuis

qazan

pot

çuqun qazan

gietijzeren pot

vok / kadai

wok / kadai

tava

pan

çaydan

waterkoker

buxar qazanı

stoomkoker

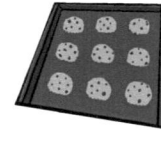

sac

bakplaat

qab

servies

fincan

mok

ləyən

kom

yemək üçün çubuqlar

eetstokjes

çömçə

pollepel

spatula

spatel

çırpıcı

garde

süzgəc

vergiet

ələk

zeef

sürtgəc

rasp

həvəngdəstə

mortier

barbekyu

barbecue

ocaq

haardvuur

dcğrama taxtası

snijplank

oxlov

deegrol

probkaçıxaran

kurkentrekker

banka

blik

bankaağzıaçan

blikopener

qabtutan

pannenlap

əl üz yuyan

gootsteen

fırça

borstel

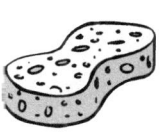

süngər

spons

blender

blender

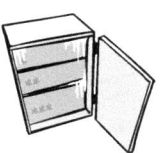

dondurucu

vriezer

körpə şüşəsi

papfles

kran

kraan

mətbəx - keuken

37

hamam otağı
badkamer

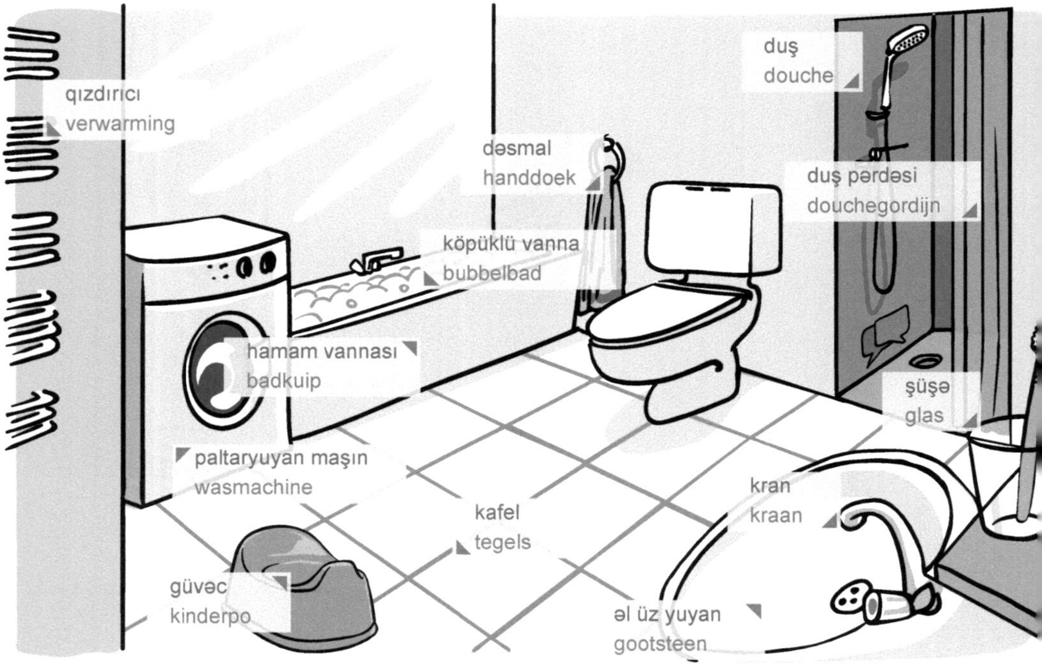

qızdırıcı
verwarming
dəsmal
handdoek
duş
douche
duş pərdəsi
douchegordijn
köpüklü vanna
bubbelbad
hamam vannası
badkuip
şüşə
glas
paltaryuyan maşın
wasmachine
kran
kraan
kafel
tegels
güvəc
kinderpo
əl üz yuyan
gootsteen

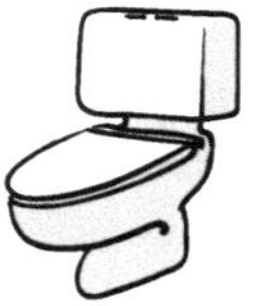

tualet

toilet

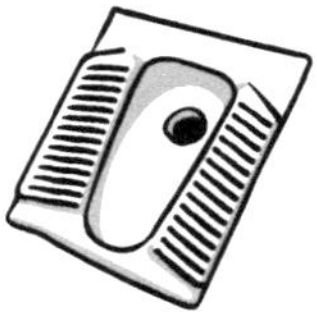

çömbəlmə tualet

hurktoilet

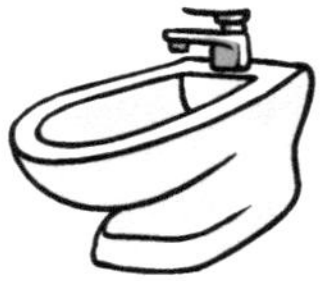

bide

bidet

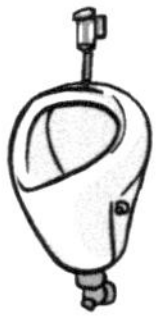

urinal

urinoir

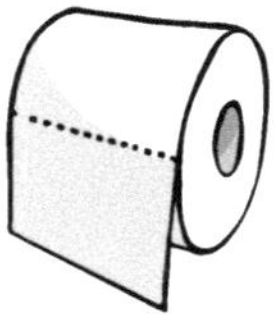

tualet kağızı

toiletpapier

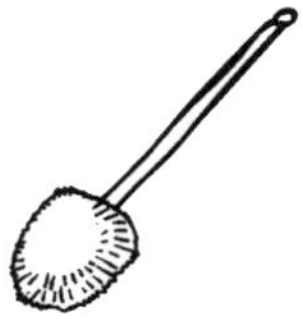

tualet fırçası

toiletborstel

diş fırçası
tandenborstel

diş pastası
tandpasta

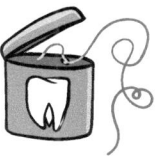

diş ipi
flosdraad

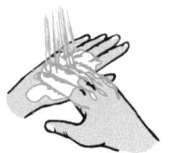

yumaq
wassen

əl duşu
handdouche

intim duş
bidethanddouche

taz
waskom

bel fırçası
rugborstel

sabun
zeep

duş üçün gel
douchegel

şampun
shampoo

əsgi
washandje

drenaj
afvoer

krem
crème

dezodorant
deodorant

güzgü

spiegel

əl güzgüsü

handspiegel

ülgüc

scheermes

üz qırxmaq üçün köpük

scheerschuim

təraşdan sonra su

aftershave

daraq

kam

fırça

borstel

fen

haardroger

saç spreyi

haarlak

makiyaj

make-up

dodaq boyası

lippenstift

dırnaq lakı

nagellak

pambıq

watten

dırnaq qayçısı

nagelknipper

ətir

parfum

gigiyenik torba

toilettas

kətil

kruk

tərəzi

weegschaal

hamam xalatı

badjas

rezin əlcək

latex handschoenen

tampon

tampon

gigiyenik salfet

maandverband

kimyəvi tualet

chemisch toilet

uşaq otaqı

kinderkamer

zəngli saat
wekker
yumşaq oyuncaq
knuffel
oyuncaq avtomobil
speelgoedauto
cingilti
rammelaar
kukla evciyi
poppenhuis
hədiyyə
geschenk

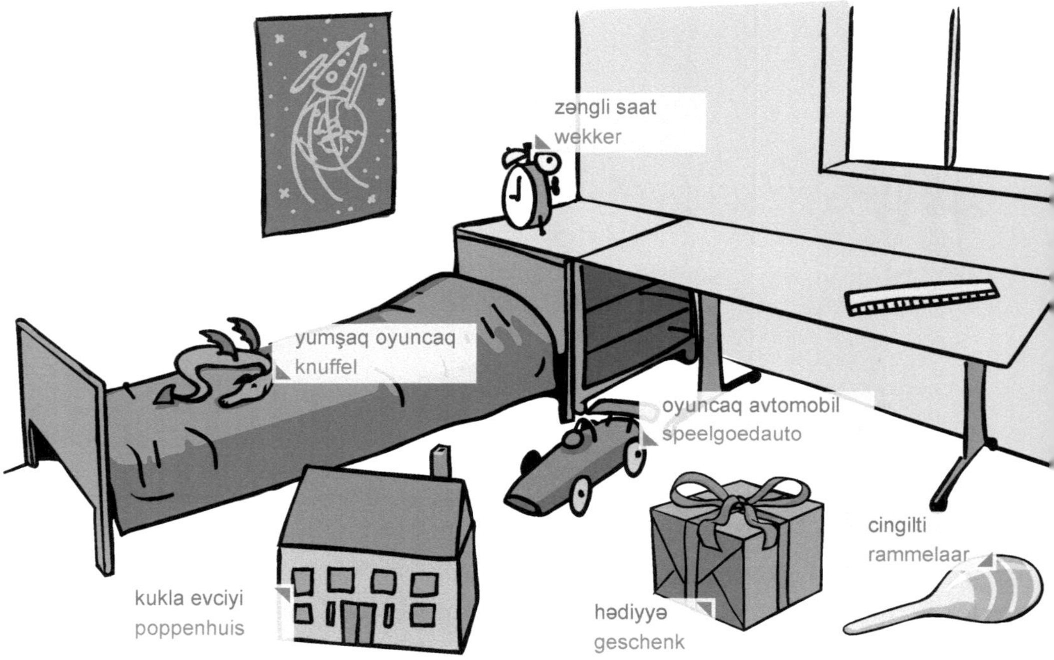

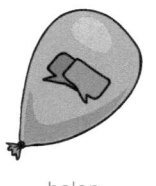

balon

ballon

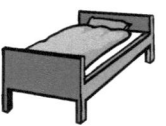

yataq

bed

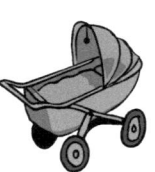

uşaq arabası

kinderwagen

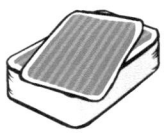

kart dəsti

spel kaarten

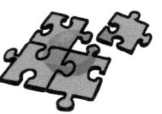

elektrik mişarı

puzzel

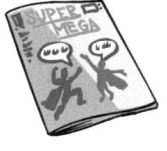

komik

stripboek

leqo kərpici
....
legoblokjes

konstruktor blokları
....
blokken

ɔyuncaq-personaj
....
actiefiguur

yeni dɔğulmuş körpələr
üçün geyimi
....
kruippakje

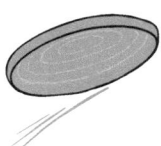

frisbi
....
frisbee

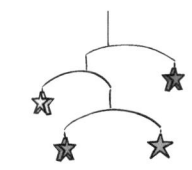

yataq üstünə asılan körpə
oyuncağı
....
mobiel

masaüstü oyun
....
bordspel

zər
....
dobbelsteen

oyuncaq qatar
....
modelspoorweg

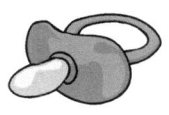

emzik
....
fopspeen

qonaqlıq
....
feest

rəsmli kitab
....
prentenboek

top
....
bal

kukla
....
pop

oynamaq
....
spelen

qum qutusu

zandbak

yelləncək

schommel

oyuncaqlar

speelgoed

video oyun konsolu

spelconsole

üç təkərli velosiped

driewieler

plüşdən hazırlanmış
oyuncaq ayı

knuffelbeer

şkaf

kleerkast

geyim
kleding

corab

sokken

corab

kousen

kalqotka

maillot

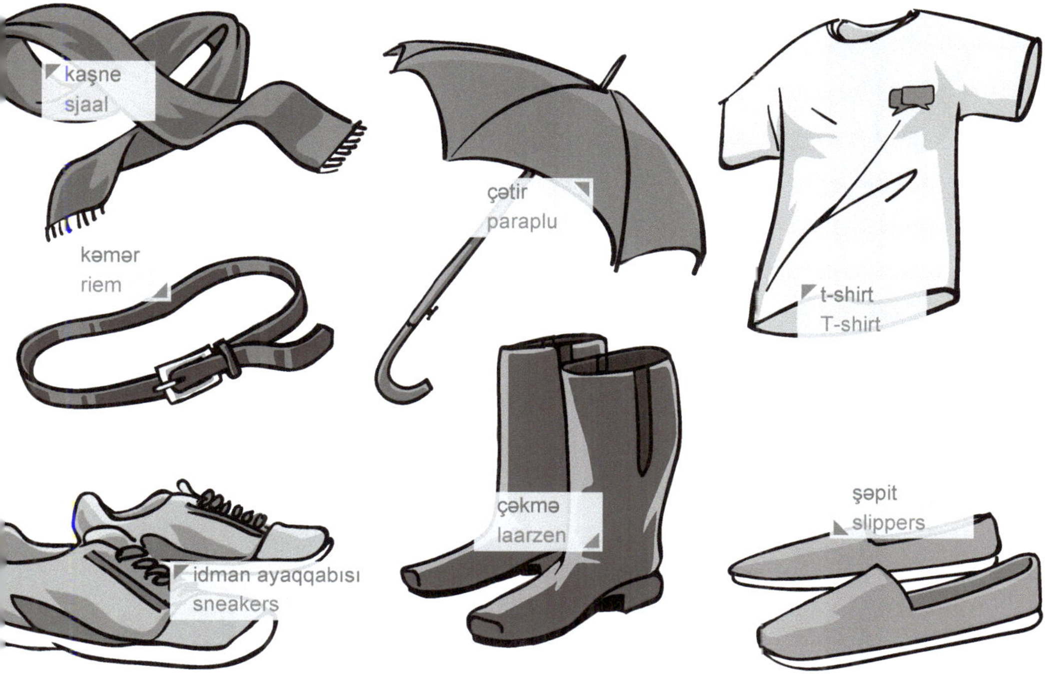

kaşne
sjaal

çətir
paraplu

t-shirt
T-shirt

kəmər
riem

çəkmə
laarzen

şəpit
slippers

idman ayaqqabısı
sneakers

sandallar
sandalen

ayaqqabı
schoenen

rezin çəkmələr
rubberlaarzen

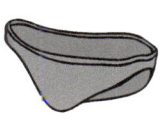

dizlik
onderbroek

lifçik
beha

alt köynəyi
onderhemd

alt paltarı

lichaam

şalvar

broek

cins

jeans

yubka

rok

bluza

blouse

köynək

hemd

sviter

trui

başlıqlı idman gödəkçəsi

capuchontrui

gödəkçə

blazer

gödəkcə

jas

pencək

jas

plaş

regenjas

kostyum

kostuum

paltar

jurk

gəlin paltarı

trouwjurk

kostyum

pak

gecə köynəyi

nachthemd

pijama

pyjama

sari

sari

hicab / eşarp

hoofddoek

çalma

tulband

burka

boerka

kaftan

kaftan

abaya

abaya

çimərlik geyimi

badpak

tumuş

zwembroek

şort

short

məşq kostyumu

trainingspak

önlük

schort

əlcək

handschoenen

düymə

knoop

eynək

bril

bilərzik

armband

boyunbağı

ketting

üzük

ring

sırğa

oorbel

papaq

pet

asılqan

kapstok

papaq

hoed

qalstuk

das

zəncirbənd

rits

dəbilqə

helm

aşırma

bretellen

məktəb uniforması

schooluniform

uniforma

uniform

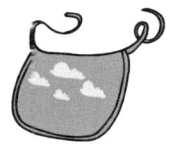

döşlük

slabbetje

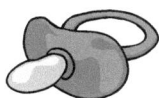

emzik

fopspeen

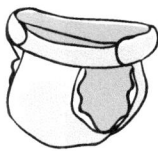

körpə bezi

luier

ofis
kantoor

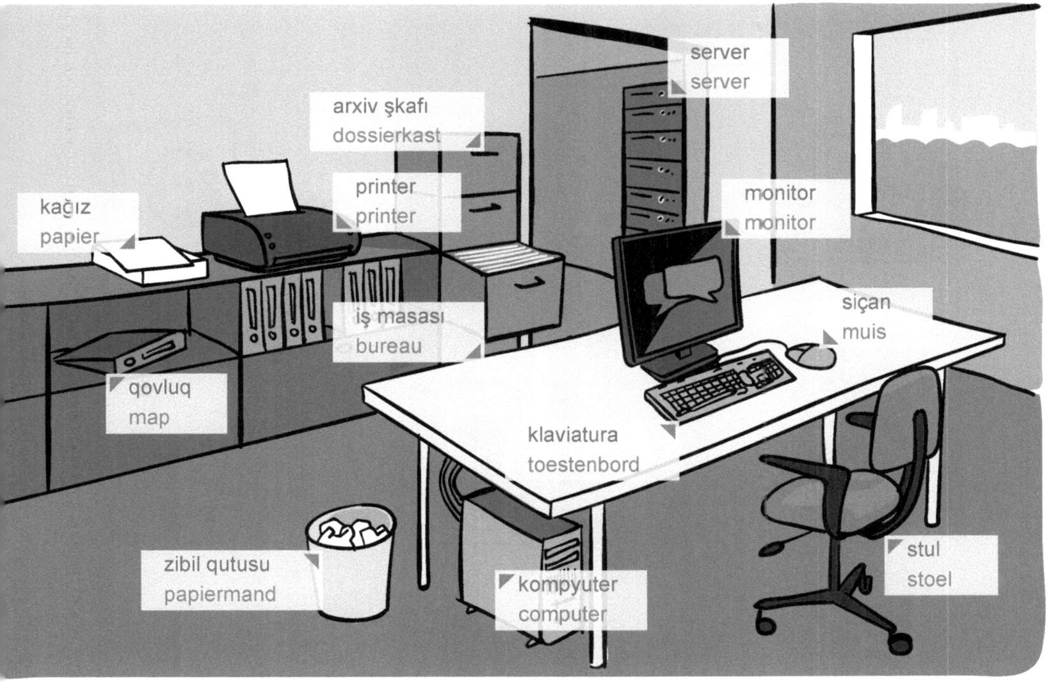

server
server
arxiv şkafı
dossierkast
printer
printer
kağız
papier
monitor
monitor
siçan
muis
iş masası
bureau
qovluq
map
klaviatura
toestenbord
zibil qutusu
papiermand
kompyuter
computer
stul
stoel

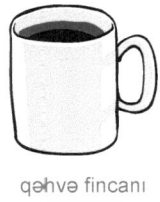

qəhvə fincanı

koffiemok

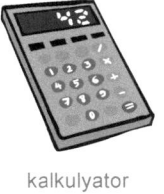

kalkulyator

rekenmachine

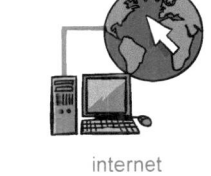

internet

internet

laptop

laptop

məktub

brief

mesaj

bericht

mobil telefon

gsm

şəbəkə

netwerk

surətçıxaran maşın

kopieerapparaat

proqram təminatı

software

telefon

telefoon

ştepsel

stopcontact

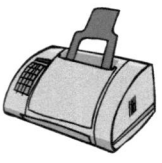

faks

fax

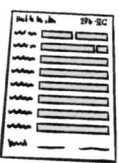

forma

formulier

sənəd

document

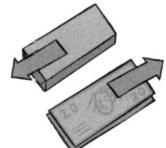

satın almaq

kopen

ödəmək

betalen

alverlə məşğul olmaq

handelen

pul

geld

dollar

dollar

avro

euro

yen

yen

rubl

roebel

frank

Zwitserse frank

renminbi yuan

Chinɘse renminbi

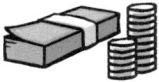

rupi

roepie

bankomat

geldautomaat

valyuta mübadiləsi
məntəqəsi

wisselkantoor

qızıl

goud

gümüş

zilver

neft

olie

enerji

energie

qiymət

prijs

müqavilə

contract

vergi

belasting

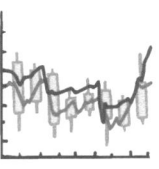

səhm

aandeel

işləmək

werken

işçi

werknemer

işəgötürən

werkgever

fabrik

fabriek

dükan

winkel

iqtisadiyyat - economie

polis əməkdaşı
politieagent

yanğınsöndürən
brandweerman

aşbaz
kok

həkim
dokter

pilot
piloot

bağban

tuinman

dülgər

timmerman

dərzi

naaister

hakim

rechter

kimyaçı

chemicus

aktyor

acteur

avtobus sürücüsü

buschauffeur

taksi sürücüsü

taxichauffeur

balıqçı

visser

xadimə

schoonmaakster

dam işçisi

dakdekker

ofisiant

ober

ovçu

jager

rəssam

schilder

çörəkçi

bakker

elektrik ustası

elektricien

inşaat işçisi

bouwvakker

mühəndis

ingenieur

qəssab

slager

santexnik

loodgieter

poçtalyon

postbode

əsgər
soldaat

memar
architect

kassir
kassier

gül-çiçək satıcısı
bloemist

bərbər
kapper

konduktor
conducteur

mexanik
mecanicien

kapitan
kapitein

diş həkimi
tandarts

alim
wetenschapper

ravvin
rabbijn

imam
imam

rahib
monnik

keşiş
geestelijke

alətlər
werktuigen

kəlbətin
tang
çəkic
hamer
vintaçan
schroevendraaier
fənər
zaklamp
qayka açarı
schroefsleutel

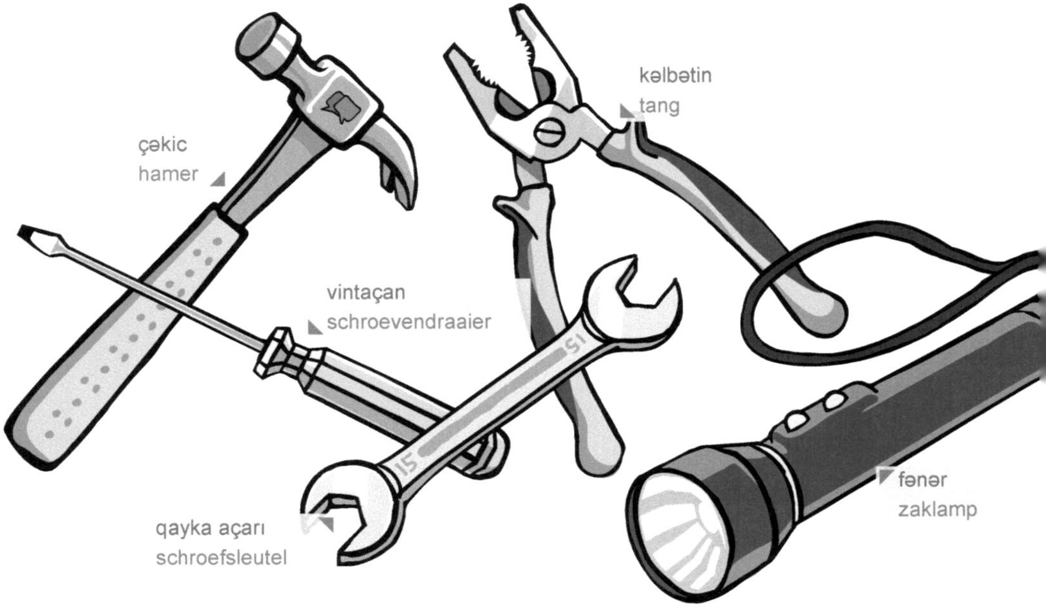

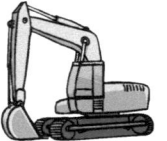

ekskavator

graafmachine

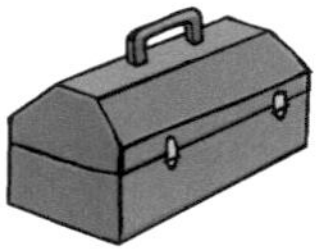

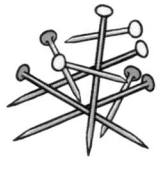

alətlər qutusu

gereedschapskoffer

nərdivan

ladder

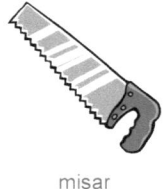

mişar

zaag

dırnaqlar

spijkers

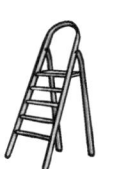

drel

boormachine

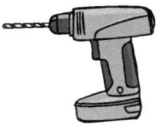

təmir etmək

repareren

kürək

schop

Lənət olsun!

Verdomme!

xəkəndaz

blik

boya vedrəsi

verfpot

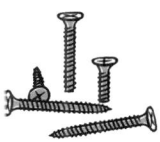

vintlər

schroeven

musiqi alətləri
muziekinstrumenten

dinamik

luidspreker

zərb alətləri

drumstel

gitara

gitaar

kontrabas

contrabas

trompet

trompet

fortepiano

piano

skripka

viool

bas

basgitaar

timpani

pauk

nağara

trommels

sintezator

keyboard

saksafon

saxofoon

fleyta

fluit

mikrofon

microfoon

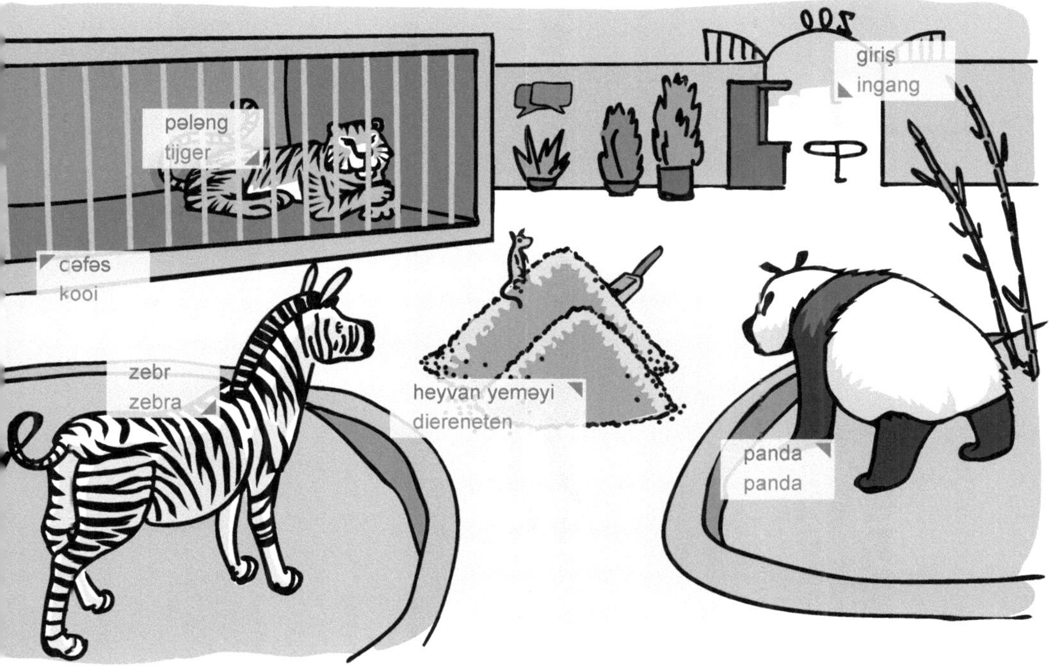

pələng / tijger

giriş / ingang

cəfəs / kooi

zebr / zebra

heyvan yeməyi / diereneten

panda / panda

heyvanlar

dieren

fil

olifant

kenquru

kangoeroe

kərgədan

neushoorn

qorilla

gorilla

ayı

beer

dəvə

kameel

dəvəquşu

struisvogel

aslan

leeuw

meymun

aap

flamingo

flamingo

tutuquşu

papegaai

qütb ayısı

ijsbeer

pinqvin

pinguïn

köpəkbalığı

haai

tovuz

pauw

ilan

slang

timsah

krokodil

zoopark işçisi

dierenverzorger

suiti

zeehond

yaquar

jaguar

poni

pony

bəbir

luipaard

hippopotam

nijlpaard

zürafə

giraffe

qartal

adelaar

qaban

wild zwijn

balıq

vis

tısbağa

zeeschildpad

morj

walrus

tülkü

vos

ceyran

gazelle

zoopark - zoo

61

amerikan futbolu
rugby

velosiped sürmək
wielrennen

tennis
tennis

basketbol
basketbal

üzgüçülük
zwemmen

boks
boksen

buz xokkeyi
ijshockey

futbol
voetbal

badminton
badminton

yüngül atletika
atletiek

həndbol
handbal

xizək
skiën

polo
polo

fəaliyyət
activiteiten

gülmək
lachen
tullanmaq
springen
qucaqlaşmaq
knuffelen
getmək
wandelen
oxumaq
zingen
yuxu qörmək
dromen
dua etmək
bidden
öpüşmək
kussen

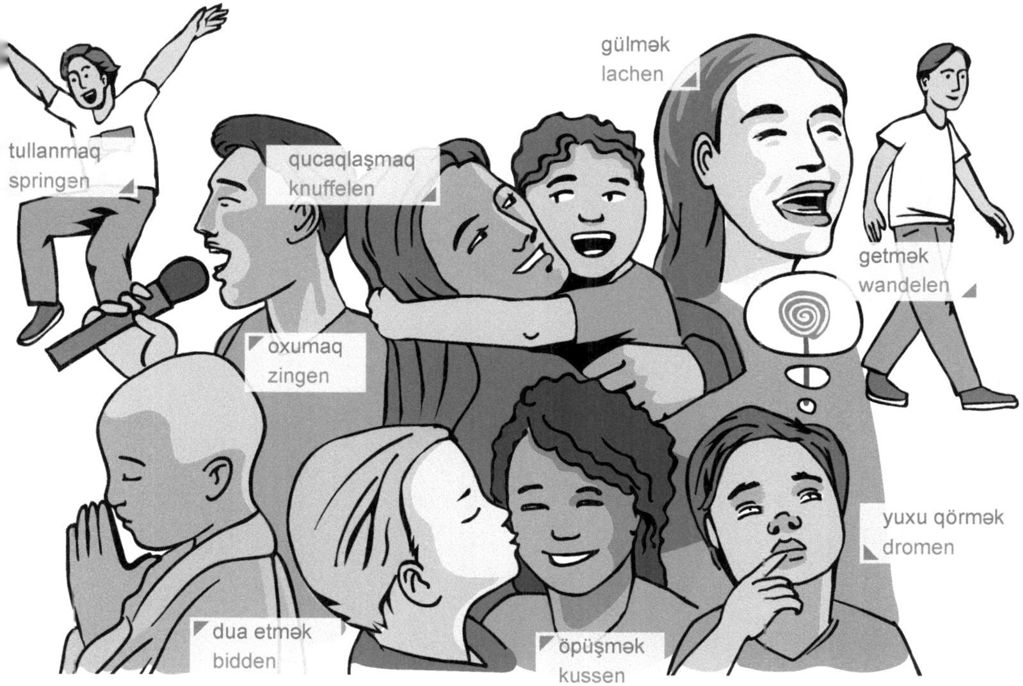

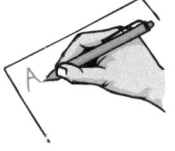

yazmaq

schrijven

çəkmək

tekenen

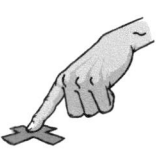

göstərmək

tonen

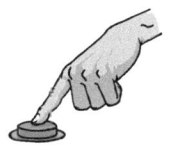

itələmək

duwen

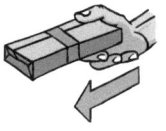

vermək

geven

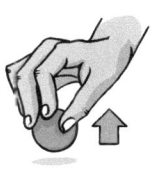

götürmək

nemen

sahibi olmaq

hebben

etmək

doen

olmaq

zijn

durmaq

staan

qaçmaq

lopen

çəkmək

trekken

atmaq

gooien

düşmək

vallen

uzanmaq

liggen

gözləmək

wachten

daşımaq

dragen

oturmaq

zitten

geyinmək

aankleden

yatmaq

slapen

ayılmaq

ontwaken

baxmaq

kijken naar

ağlamaq

wenen

sığallamaq

aaien

daramaq

kammen

danışmaq

praten

anlamaq

begrijpen

soruşmaq

vragen

dinləmək

luisteren

içmək

drinken

yemək

eten

təmizləmək

opruimen

sevmək

houden van

bişirmək

koken

sürmək

rijden

uçmaq

vliegen

üzmək

zeilen

hesablamaq

rekenen

oxumaq

Lezen

öyrənmək

leren

işləmək

werken

evlənmək

trouwen

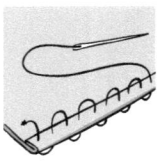

tikmək

naaien

dişləri təmizləmək

tandenpoetsen

öldürmək

doden

siqaret çəkmək

roken

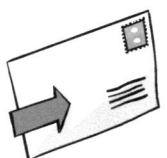

göndərmək

sturen

nənə
grootmoeder

baba
grootvader

ata
vader

ana
moeder

körpə
baby

qız
dochter

oğul
zoon

qonaq

gast

xala/bibi

tante

əmi/dayı

oom

qardaş

broer

bacı

zus

bədən

lichaam

alın
voorhoofd
göz
oog
çiyin
schouder
barmaq
vinger
üz
gezicht
buxaq
kin
əl
hand
ayaq
been
döş
borst
qol
arm

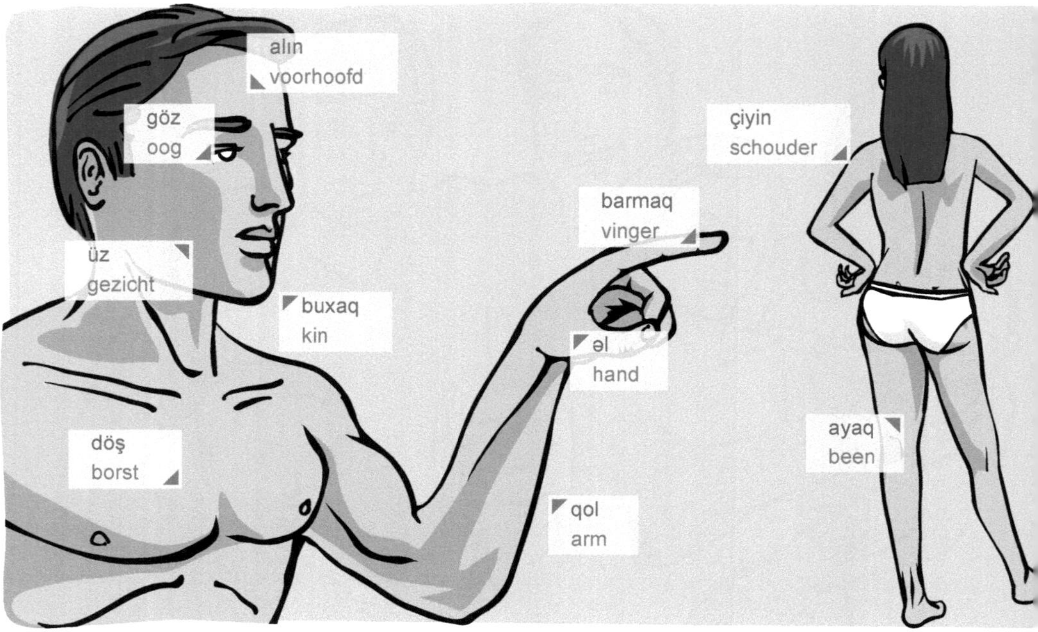

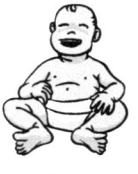

körpə

baby

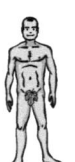

kişi

man

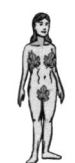

qadın

vrouw

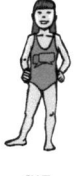

qız

meisje

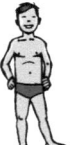

oğlan

jongen

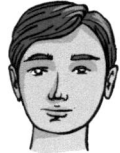

baş

hoofd

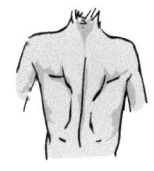

bel
rug

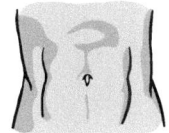

qarın
buik

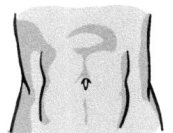

göbək
navel

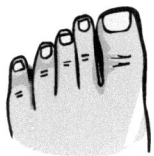

aᵞaq barmağı
teen

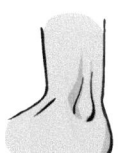

daban
hiel

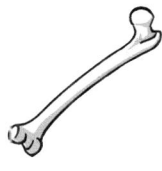

sümük
bot

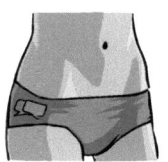

bud
heup

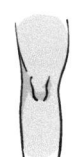

diz
knie

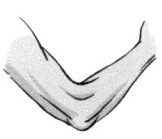

dirsək
elleboog

burun
neus

sağrı
zitvlak

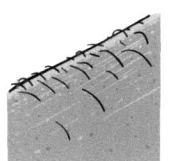

dəri
huid

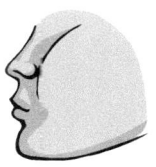

yanaq
wang

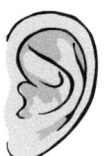

qulaq
oor

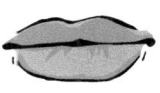

dodaq
lip

ağız

mond

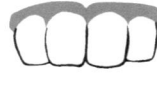

diş

tand

dil

tong

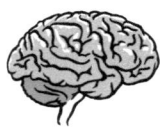

beyin

hersenen

ürək

hart

əzələ

spier

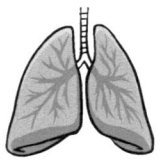

ağciyər

long

qaraciyər

lever

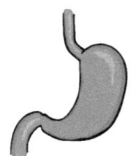

mədə

maag

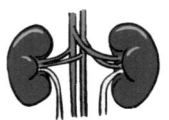

böyrəklər

nieren

cinsi yaxınlıq

seks

kondom

condoom

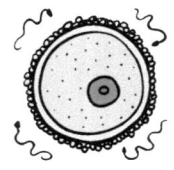

qadın cinsi hüceyrə

eicel

sperma

sperma

hamiləlik

zwangerschap

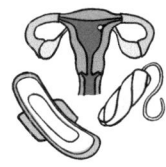

aybaşı

menstruatie

vagina

vagina

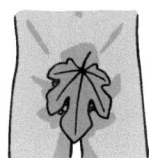

penis

penis

qaş

wenkbrauw

saç

haar

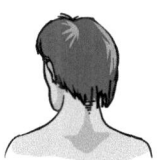

boyun

nek

xəstəxana

ziekenhuis

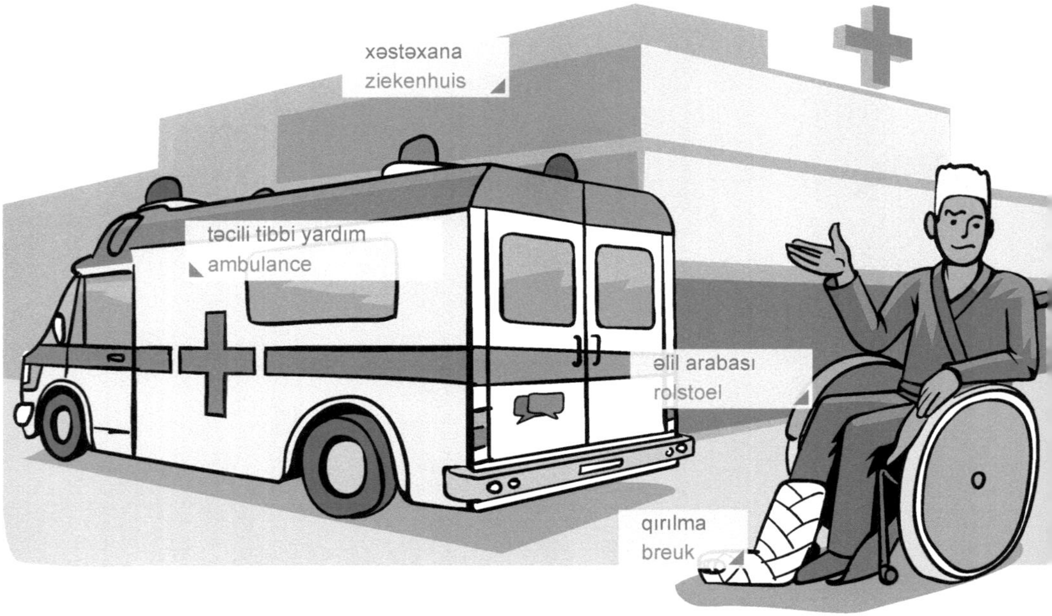

xəstəxana
ziekenhuis
təcili tibbi yardım
ambulance
əlil arabası
rolstoel
qırılma
breuk

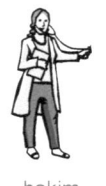

həkim

dokter

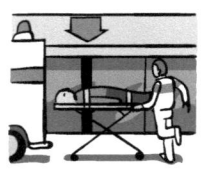

reanimasiya şöbəsi

spoed

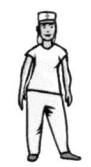

tibb bacısı

verpleegkundige

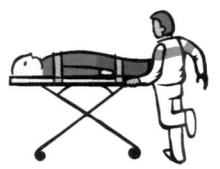

fövqəladə hallar

noodgeval

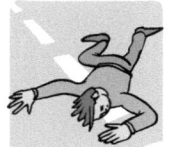

huşunu itirmiş

bewusteloos

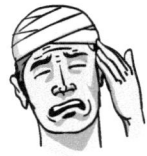

ağrı

pijn

zədə

verwonding

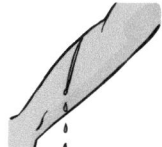

qanaxma

bloeding

infarkt

hartaanval

insult

beroerte

allergiya

allergie

öskürək

hoest

qızdırma

koorts

qrip

griep

ishal

diarree

başağrısı

hoofdpijn

xərçəng

kanker

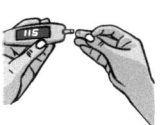

şəkərli diabet

diabetes

cərrah

chirurg

neştər

scalpel

əməliyyat

operatie

CT

CT

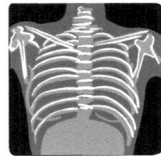

rentgen

röntgenstraal

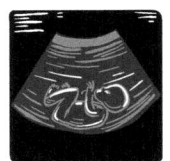

ultrasəs

ultrageluid

maska

gezichtsmasker

xəstəlik

ziekte

gözləmə otağı

wachtkamer

qoltuqağacı

kruk

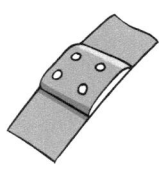

plaster

pleister

sarğı

verband

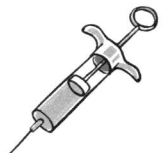

inyeksiya

injectie

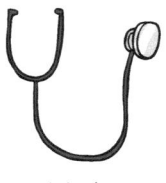

steteskop

stethoscoop

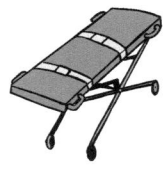

xərək

brancard

hərarətölçən

thermometer

doğum

geboorte

çəki artıqlığı

overgewicht

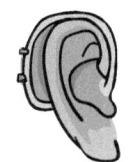

eşitmə aparatı

hoorapparaat

dezinfeksiyaedici

ontsmettingsmiddel

infeksiya

infectie

virus

virus

QİÇS

HIV / AIDS

tibb

medicijn

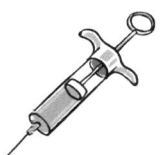

peyvənd

vaccinatie

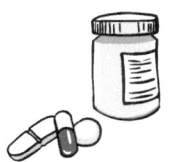

həblər

tabletten

həb

pil

təcili zəng

noodoproep

qan təzyiqini ölçmək üçün cihaz

bloeddrukmeter

xəstə / sağlam

ziek / gezond

Kömək edin!
Help!

həyəcan siqnalı
alarm

basqın
overval

hücum
aanval

təhlükə
gevaar

ehtiyat çıxışı
nooduitgang

Yanğın!
Brand!

odsöndürən
brandblusser

qəza
ongeval

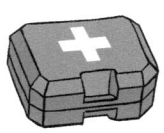

ilkin yardım qutus
EHBO-kit

SOS
SOS

polis
politie

Avropa

Europa

Şimali Amerika

Noord-Amerika

Cənubi Amerika

Zuid-Amerika

Afrika

Afrika

Asiya

Azië

Avstraliya

Australië

Atlantik

Atlantische Oceaan

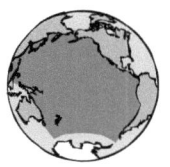

Sakit Okean

Stille Oceaan

Hind okeanı

ndische Oceaan

Antarktika Okeanı

Antarctische Oceaan

Şimal Buzlu okeanı

Arctische Oceaan

Şimal qütbü

Noordpool

Cənub qütbü

Zuidpool

Antarktika

Antarctica

Yer kürəsi

aarde

ölkə

land

dəniz

zee

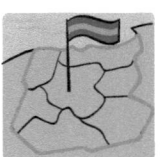

ada

eiland

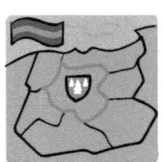

millət

natie

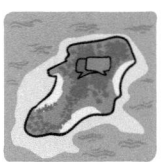

dövlət

staat

siferblat

wijzerplaat

saat əqrəbi

uurwijzer

dəqiqə əqrəbi

minuutwijzer

saniyə əqrəbi

secondewijzer

Saat neçədir?

Hoe laat is het?

gün

dag

vaxt

tijd

indi

nu

rəqəmsal saat

digitale horloge

dəqiqə

minuut

saat

uur

Bazar ertəsi
maandag

Çərşənbə
woensdag

Cümə
vrijdag

Çərşənbə axşamı
dinsdag

Şənbə
zaterdag

Cümə axşamı
donderdag

Bazar günü
zondag

dünən

gisteren

bugün

vandaag

sabah

morgen

səhər

ochtend

günorta

middag

axşam

avond

MO	TU	WE	TH	FR	SA	SU
1	2	3	4	5	6	7
8	9	10	11	12	13	14
15	16	17	18	19	20	21
22	23	24	25	26	27	28
29	30	31	1	2	3	4

iş günü

werkdagen

MO	TU	WE	TH	FR	SA	SU
1	2	3	4	5	6	7
8	9	10	11	12	13	14
15	16	17	18	19	20	21
22	23	24	25	26	27	28
29	30	31	1	2	3	4

həftə sonu

weekend

yağış
regen

göy qurşağı
regenboog

külək
wind

qar
sneeuw

yaz
lente

yay
zomer

payız
herfst

qış
winter

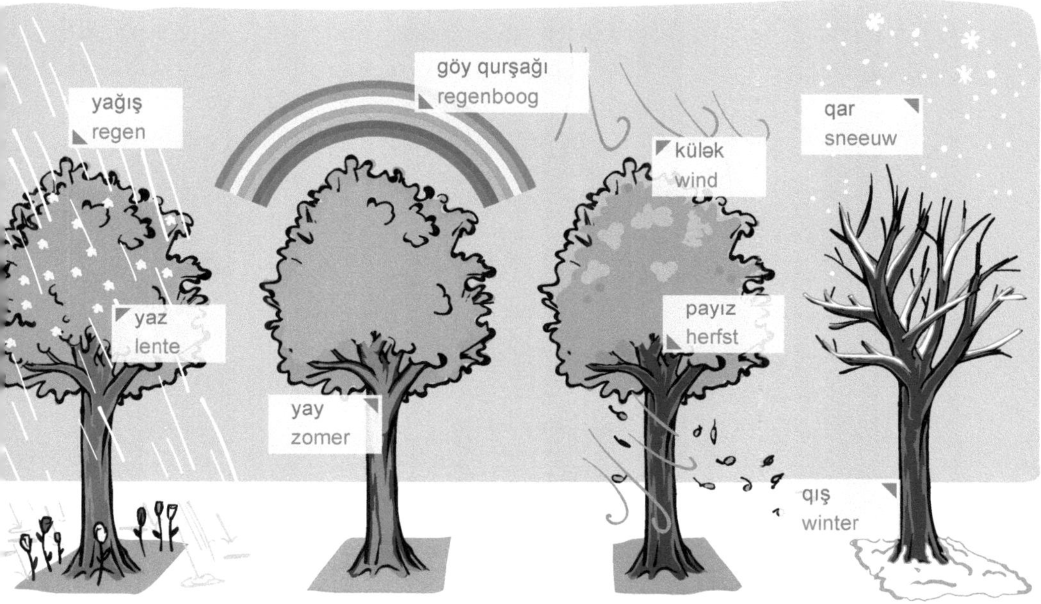

hava proqnozu

weervoorspelling

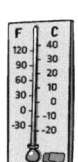

termometr

thermometer

günəş işığı

zonneschijn

bulud

wolk

duman

mist

rütubət

vochtigheid

ildırım
....
bliksem

göy gurultusu
....
donder

fırtına
....
storm

dolu
....
hagel

musson
....
moesson

daşqın
....
overstroming

buz
....
ijs

yanvar
....
januari

fevral
....
februari

mart
....
maart

aprel
....
april

may
....
mei

iyun
....
juni

iyul
....
juli

avqust
....
augustus

sentyabr

september

oktyabr

oktober

noyabr

november

dekabr

december

dairə

cirkel

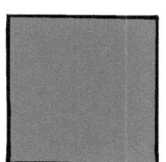

kvadrat

kwadraat

düzbucaqlı

rechthoek

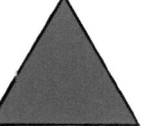

üçbucaq

driehoek

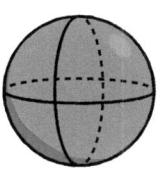

kürə

bol

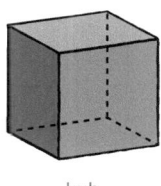

kub

kubus

ağ

wit

sarı

geel

narıncı

oranje

çəhrayı

roze

qırmızı

rood

bənövşəyi

paars

mavi

blauw

yaşıl

groen

palıdı

bruin

boz

grijs

qara

zwart

çox / az

vəel / weinig

qeyzli / sakit

boos / kalm

yaraşıqlı / eybəcər

mooi / lelijk

başlanğıc / son

begin / einde

böyük / kiçik

groot / klein

işıqlı / qaranlıq

licht / donker

qardaş / bacı

broer / zus

təmiz / kirli

proper / vuil

tam / natamam

volledig / onvolledig

gündüz / gecə

dag / nacht

ölü / diri

dood / levend

geniş / dar

breed / smal

yemeli / yeyilməyən

eetbaar / oneetbaar

hirsli / mehriban

kwaadaardig / vriendelijk

həyəcanlı / bezmiş

opgewonden / verveeld

kök / arıq

dik / dun

ilk / son

eerst / laatst

dost / düşmən

vriend / vijand

dolu / boş

vol / leeg

sərt / yumşaq

hard / zacht

ağır / yüngül

zwaar / licht

aclıq / susuzluq

honger / dorst

xəstə / sağlam

ziek / gezond

qanunsuz / qanuni

illegaal / legaal

ağıllı / axmaq

intelligent / dom

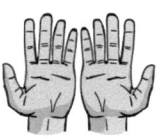

sol / sağ

links / rechts

yaxın / uzaq

dichtbij / veraf

əksinə - tegengestelden

yeni / istifadə edilmiş

nieuw / gebruikt

heç bir şey / bir şey

niets / iets

qoca / gənc

oud / jong

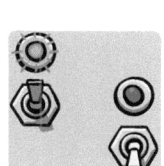

açma / bağlama

aan / uit

açıq / bağlı

open / dicht

sakit/ bərk

stil / luid

varlı / kasıb

rijk / arm

düzgün / səhv

juist / fout

kobud / hamar

ruw / glad

kədərli / xoşbəxt

droevig / blij

qısa / uzun

kort / lang

yavaş / sürətli

traag / snel

yaş / quru

nat / droog

isti / sərin

warm / koud

müharibə / sülh

oorlog / vrede

0

sıfır

nul

1

bir

één

2

iki

twee

3

üç

drie

4

dörd

vier

5

beş

vijf

6

altı

zes

7

yeddi

zeven

8

səkkiz

acht

9

doqquz

negen

10

on

tien

11

on bir

elf

12
on iki
twaalf

13
on üç
dertien

14
on dörd
veertien

15
on beş
vijftien

16
on altı
zestien

17
on yeddi
zeventien

18
on səkkiz
achtien

19
on doqquz
negentien

20
iyirmi
twintig

100
yüz
honderd

1.000
min
duizend

1.000.000
milyon
miljoen

İngilis dili

Engels

İngilis dilinin amerikan variantı

Amerikaans Engels

Çin dilinin Mandarin dialekti

Chinees (Mandarijn)

Hind dili

Hindi

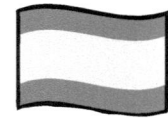

İspan dili

Spaans

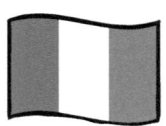

Fransız dili

Frans

Ərəb dili

Arabisch

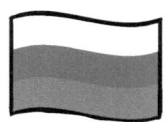

Rus dili

Russisch

Portuqal dili

Portugees

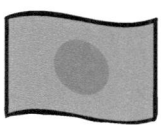

Benqal dili

Bengali

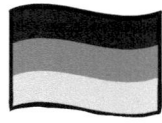

Alman dili

Duits

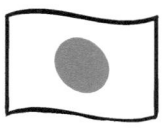

Yapon dili

Japans

mən

ik

sən

u

o / o / o

hij / zij / het

biz

wij

siz

u

onlar

ze

kim?

wie?

nə?

wat?

necə?

hoe?

harada?

waar?

nə zaman?

wanneer?

ad

naam

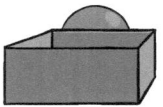

arxadan

achter

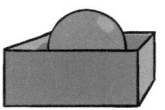

içində

in

qarşısında

voor

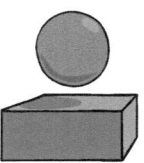

üzərində

boven

dair

op

altında

onder

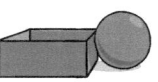

yanaşı

naast

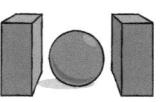

arasında

tussen

yer

plaats